DEUX LETTRES

SUR LE DÉSASTRE

DE LA GUADELOUPE

Et le moyen d'y remédier,

PAR

A. LEBAUDY,

L'un des Gérants de la Maison J. Lafitte et Cie.

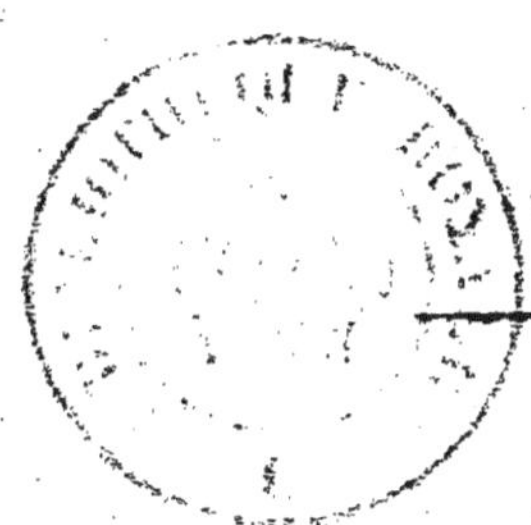

PARIS,

IMPRIMERIE ADMINISTRATIVE DE PAUL DUPONT,

Rue de Grenelle-Saint-Honoré, 55.

1843

DE LA MARINE ET DES COLONIES.

——◆——

30 mars 1843,

MONSIEUR LE MINISTRE,

En ma double qualité de gérant de la Caisse du Commerce et de l'Industrie et de gendre de M. Ch. Derosne, fabricant d'appareils pour les sucreries, l'un des hommes qui se sont le plus occupés de l'industrie sucrière, j'ai pris un vif intérêt à la malheureuse situation dans laquelle se trouve plongée la colonie de la Guadeloupe, et je me suis préoccupé de rechercher les moyens d'y porter remède.

Le ciel, dans sa sagesse, place souvent le remède à côté du mal; c'est ce qui me parait démontré par la position de cette colonie pour laquelle le désastre de février peut être l'occasion d'une régénération complète.

L'état de détresse des colonies avant cet événement était un fait notoire; la cause n'en était pas moins connue. L'absence presque totale de progrès dans le mode de fabrication du sucre, alors que ce progrès avait été porté sur le continent jusqu'au point de convertir en un rival victorieux le sucre de la betterave, était le principal, sinon le seul motif de leur état de souffrance.

Ce progrès, dont la nécessité était enfin devenue une conviction pour les planteurs des colonies, ne pouvait s'y réaliser, faute de capitaux que leur situation obérée et la presque impossibilité d'assurer des garanties ne permettaient pas de leur prêter.

En détruisant les usines, le ciel a tranché la difficulté; il a fait surgir l'absolue nécessité de les reconstituer.

D'une voix unanime, aide et protection pour atteindre ce but ont été demandées au gouvernement.

C'est qu'en effet le gouvernement n'est pas moins intéressé que les colons eux-mêmes à la réparation du désastre. Une colonie sans production ne serait plus qu'une source de dépense que la raison ne permettrait pas de conserver.

Cet appel a été entendu.

Une commission a été nommée par vous, Monsieur le Ministre, pour étudier le mode de secours qui devra être adopté.

Le projet de création d'usines centrales destinées à travailler les cannes de plusieurs plantations a rallié toutes les opinions; il n'en pouvait être autrement, alors que plus on l'étudie plus on y découvre d'avantages.

Perfectionnement considérable de la fabrication dans la qualité et la quantité des produits.

Économie dans le travail et allégement pour la classe ouvrière en remplaçant par des moyens mécaniques les parties les plus pénibles de ce travail.

Séparation complète de l'industrie manufacturière et de l'industrie agricole.

Comme résultat immédiat de cette division, possibilité de diviser la propriété elle-même, alors qu'une plantation ne sera plus forcément, et tout à la fois, une entreprise agricole, une usine et une maison de commerce.

Comme conséquence, facilité de réalisation de la propriété, et par suite accroissement dans sa valeur.

Possibilité d'application de la loi d'expropriation.

Enfin, comme couronnement à cette série de bienfaits, possibilité d'arriver graduellement et par les voies les plus rationnelles à l'émancipation intellectuelle et matérielle des noirs, alors que la possibilité de posséder un coin de terre dont ils pourront, comme tous autres, envoyer le produit à l'usine centrale fera naître en eux, avec le sentiment de la propriété, l'amour de l'ordre et du travail.

Je crois superflu de m'étendre davantage sur une question que la haute intelligence de Votre Excellence ne saurait manquer d'apprécier à sa juste valeur.

D'accord sur le remède, on s'est mis à la recherche des moyens d'exécution.

Le but, je le répète, était la construction d'usines centrales et de plus la reconstruction des maisons détruites, en fournissant aux colons les moyens d'utiliser les ruines qui leur restent.

Deux modes principaux de secours ont été proposés :

L'autorisation à la colonie de contracter un emprunt qui serait appuyé d'une garantie d'intérêts par le gouvernement;

Un prêt direct par le gouvernement en échange des garanties que les contractants de l'emprunt auraient également demandées.

Quelle que soit celle des deux combinaisons à laquelle la préférence sera accordée, cela importe peu pour la colonie, pourvu que la décision soit prompte; mais leur exécution, je le dis à regret, me paraît présenter de graves difficultés.

« *L'autorisation donnée à la colonie de contracter un emprunt.* »

D'abord, qui réalisera cet emprunt ? Le conseil colonial ne peut que le voter.

Réalisé par l'entremise du gouverneur, ce serait le gouvernement lui-même qui serait l'emprunteur.

Il y aurait donc, je le suppose, nécessité de créer un pouvoir spécial, un comité qui deviendrait le représentant de la colonie pour les engagements à contracter à l'égard des prêteurs, comme pour les garanties à exiger des emprunteurs.

Cela n'est pas impossible, sans doute; mais il faudra l'intervention des chambres françaises pour la garantie d'intérêts, l'intervention du conseil colonial pour le choix des mandataires, la délégation des pouvoirs; cela exigera beaucoup de temps.

La réalisation de l'emprunt ne pourra venir qu'à la suite.

Admettant qu'il soit facilement réalisé, sera-ce le comité d'emprunt qui fera construire les usines centrales? Non, sans aucun doute. Il devra seulement fournir aux colons, en tout ou en partie, les moyens de les établir. Il devra donc agglomérer en sociétés pour les rendre propriétaires d'une usine en commun, divers planteurs dont les positions de fortune, l'intérêt et la manière de voir seront rarement identiques, et cela pour au moins 3o à 4o usines centrales, ce qui suppose la discussion des conditions avec au moins 200 planteurs. Nouvelle perte de temps.

Ces difficultés surmontées et les garanties assurées, le premier pas seulement sera franchi. Les colons auront à se procurer par eux-mêmes tout ce qui est nécessaire à la création, à l'installation complète d'une fabrique sur un système inconnu de la plupart d'entre eux.

Enfin, il faudra le temps de confectionner les appareils qui, s'ils ne sont pas commandés immédiatement, avec le versement aux fabricants du tiers de la valeur, ainsi qu'il est d'usage, pour faciliter l'achat des matières nécessaires à la confection, ne pourront être livrés qu'à une époque fort éloignée.

Tout cela exigera plus de temps qu'il n'en est accordé pour sauver la colonie dont les malheurs deviendraient sans remède, si un second désastre, la perte de la récolte prochaine, venait s'ajouter au premier.

L'intervention du gouvernement par un prêt direct spécialement affecté à la création des usines, pourrait être plus prompte, et par cela seul beaucoup plus efficace; mais n'est-il pas à craindre qu'il n'en résulte un inconvénient d'une autre nature?

Une participation aussi directe du gouvernement pour la création, dans les colonies, d'usines montées avec des appareils perfectionnés qu'elles n'avaient pu jusqu'à présent se procurer, qui sont le bouclier que leur opposent les sucreries indigènes, ne donnera-t-elle pas à celles-ci le droit de dire au gouvernement : « C'est vous qui nous donnez le coup de la mort ; vous « ne pouvez pas vous dispenser de réparer le dommage dont « vous êtes la cause, en rachetant nos établissements pour ce « qu'ils ont coûté. »

Leur prétention ne serait malheureusement que trop fondée, car il ne faut pas se le dissimuler, il sera difficile, pour les sucreries indigènes, de continuer la lutte avec les colonies, le jour où les appareils employés par ces mêmes sucreries seront mis, sur une échelle un peu étendue, au service de la canne qui est deux fois plus riche en sucre.

Dans une question aussi délicate, tout ce qui peut entraver la libre action du gouvernement me paraît sérieusement à considérer.

Enfin, un inconvénient non moins grave, qui est commun aux deux moyens proposés, est de ne venir en aide, de ne pouvoir venir en aide qu'à l'une des deux colonies des Antilles, la seule qui ait été victime du désastre de février, ce qui aura pour résultat immédiat d'écraser la colonie voisine qui malheureusement ne possède pas plus que la première les capitaux nécessaires pour la suivre dans la voie du progrès, et se trouverait par conséquent hors d'état de soutenir sa concurrence.

Ces objections, que je me permets seulement d'indiquer, m'ont paru sérieuses, et c'est ce qui me fait prendre la liberté de les signaler à l'attention de Votre Excellence. Je m'empresse d'ajouter qu'elles me semblent pouvoir être toutes écartées en posant la question autrement qu'elle ne l'a été; c'est-à-dire en divisant l'assistance que réclament les malheurs à réparer.

Pour tout ce qui est relatif aux maisons à reconstruire, il n'existe aucun intérêt rival à ménager. L'intervention gouvernementale pour cet objet spécial serait d'autant plus rationnelle, d'autant plus désirable, qu'il est difficile, pour ne pas dire impossible, d'admettre que des capitaux privés, après la destruction récente des immeubles, voulussent considérer comme suffisante une garantie hypothécaire sur les immeubles à reconstruire, la seule qu'il paraisse cependant possible d'obtenir.

Il n'en est heureusement pas ainsi pour les secours que réclame la propriété industrielle.

Ces secours mêmes amèneront à leur suite un perfectionnement duquel il est possible de faire ressortir des garanties largement suffisantes pour les capitaux privés.

C'est la conviction de ce fait qui m'a conduit à la conception du projet que je viens soumettre à Votre Excellence.

La prompte réalisation du capital nécessaire à son exécution ne me paraît pas douteuse si, obtenant l'approbation du gouvernement, cette entreprise peut compter sur un bienveillant appui qui stimulera la confiance dans les avantages et la sécurité qu'elle présente.

Ce projet consiste dans la création d'une Compagnie ayant pour titre : *Compagnie royale des Antilles*, pour la fabrication du sucre. Ses statuts seront soumis au conseil d'état.

Cette Compagnie, dont le but serait la création des usines centrales, si désirables et si vivement attendues, demanderait aux planteurs, en échange des avantages les plus positifs, la seule chose qu'ils puissent donner, de la canne à sucre.

Elle serait instituée avec un capital de dix millions, suffisant pour la création de 40 usines centrales, pouvant fabriquer chacune un million de kilogrammes de sucre.

Elle serait basée sur une liaison d'intérêts entre les planteurs et la Compagnie, ainsi que je vais l'indiquer.

Une usine centrale, munie des appareils les plus perfectionnés, serait établie dans chaque localité de la Guadeloupe et de la Martinique où il se présenterait un nombre suffisant de planteurs qui prendraient, entre tous, l'engagement de fournir, pendant la durée de la société, la quantité de cannes nécessaire à l'alimentation de la fabrique d'après un minimum déterminé.

Contre la livraison des cannes, *la Compagnie payerait immédiatement, comme premier à-compte sur leur prix, une somme en argent ou en sucre, égale à la valeur du produit que les colons en retiraient à l'aide de leurs anciens procédés.*

Ce serait donc rétablir, tout d'abord, la position dans laquelle se trouvaient les colons avant la perte de leurs usines, ou plutôt l'améliorer d'une manière sensible, puisqu'ils seraient affranchis des embarras et risques de la fabrication.

Puis, l'augmentation du rendement de la fabrication étant une certitude, la Compagnie abandonnerait aux planteurs, comme complément du prix de la canne, une partie du bénéfice net qui ressortirait de cet accroissement de production, et cela comme participation équitable et naturelle aux avantages produits par l'apport de la matière première.

La durée du travail annuel de chaque fabrique n'étant que de 4 à 5 mois, la Compagnie éviterait les frais et l'embarras d'un personnel qu'elle ne pourrait occuper pendant le reste de l'année, en faisant contracter par les planteurs l'engagement de fournir, au prorata de la quantité de cannes à livrer par chacun d'eux, le nombre de nègres nécessaire pour les travaux de la fabrication.

Des arrangements seraient pris, par préférence avec les planteurs eux-mêmes, pour que l'un d'eux devînt, sous la direction de la Compagnie, le régisseur de la fabrique pendant les 4 à 5 mois de travail.

Cette combinaison, qui me paraît satisfaire à toutes les convenances, est fondée sur le perfectionnement dont est susceptible la fabrication du sucre dans les colonies; j'affirme que ce perfectionnement sera suffisant pour permettre d'offrir aux planteurs des avantages inespérés, tout en réservant, pour les capitaux et l'industrie de la Compagnie, la juste rémunération qui leur est due. Je m'engage à le démontrer quand il en sera temps.

Quant à la sécurité, je ne crois pas qu'aucune combinaison puisse en présenter une plus complète.

Il n'est plus question d'un prêt à faire aux planteurs sur des garanties plus ou moins hypothétiques.

La Compagnie crée elle-même des usines qui demeurent sa propriété.

Elle exploite, par des agents de son choix, une fabrication dont la simplicité assure le succès, car il existe peu d'industries moins compliquées et qui soient exposées à moins de chances que la conversion du jus de cannes en sucre.

La production même des diverses usines créées dans des circonstances à peu près analogues serait d'ailleurs entre elles un contrôle naturel, si la surveillance incessante des planteurs environnants, tous intéressés dans le produit, ne suffisait pas pour prévenir l'introduction des abus.

La bonne installation des usines sera sous la responsabilité des constructeurs.

Les capitaux avancés pour la fabrication ne feront que s'échanger contre des cannes qui acquerront, par le fait même de cet échange, une valeur plus considérable.

Enfin, cette combinaison *assure au commerce des ports le maintien des relations et l'exécution des engagements préexistants*, puisqu'elle met à la disposition du planteur une quantité de sucre égale au total de sa production ancienne, s'il opte pour cette nature de paiement.

C'est ainsi, Monsieur le Ministre, que l'on me paraît pouvoir prévenir toute réclamation de la part de l'industrie rivale, puisque cette combinaison n'est que la réalisation d'un progrès par l'intervention libre des capitaux privés.

Le gouvernement pourrait alors reporter toute sa sollicitude sur les voies et moyens pour arriver à la reconstruction des maisons détruites, soit par la combinaison d'un emprunt, soit au moyen d'un prêt direct.

Si le projet que j'ai l'honneur de soumettre à Votre Excellence ne rencontre pas d'objections qui m'auraient échappé, des mesures seront prises pour sa réalisation immédiate à laquelle la maison de banque dont je fais partie est disposée à contribuer par tous les moyens en son pouvoir.

J'ai l'honneur d'être, etc.

DEUXIÈME LETTRE.

_____

5 avril 1845.

MONSIEUR LE MINISTRE,

Depuis la première lettre que j'ai eu l'honneur d'adresser à Votre Excellence, au sujet du désastre de la Guadeloupe, la commission nommée pour l'examen des mesures que nécessite cet événement a bien voulu m'entendre, et j'ai été heureux de voir que l'on paraissait approuver le projet que j'ai eu l'honneur de vous soumettre.

Quelques observations qui m'ont été faites me faisant craindre cependant de n'avoir pas assez complétement expliqué mes idées, permettez-moi d'en développer l'exposé.

J'ai dit qu'un emprunt garanti par l'État, ou un prêt direct _avec affectation spéciale à la création d'usines perfectionnées_, pourrait donner matière à des réclamations fondées de la part de la sucrerie indigène. Je persiste dans cette opinion; mais je m'empresse d'ajouter qu'elle est limitée au fait, tel que je viens de le formuler, et que je ne prétends nullement contester la nécessité d'un secours immédiat pour aider à relever les anciennes usines, qu'il importe avant tout de remettre en état de fonctionner.

La Compagnie que je propose de former pour la création des usines centrales aura épuisé son capital lorsqu'elle aura créé trente à quarante usines. En admettant qu'il en soit immédiatement établi à la Guadeloupe vingt-cinq pouvant fabriquer chacune un million de kilogrammes, elles ne remplaceraient pas plus du tiers des usines anciennes. Son intervention serait donc loin d'être suffisante pour la réparation complète du désastre auquel il s'agit de remédier. D'autres mesures sont indispensables pour sauver la récolte prochaine. Je n'ai jamais prétendu le contester.

Lors même que la Compagnie se proposerait d'établir, avec le temps, un plus grand nombre d'usines, d'autres mesures immédiates ne seraient pas moins indispensables, parce qu'en toutes choses il faut calculer les limites du possible. Or, il faut fabriquer les appareils en France, construire aux colonies les bâtiments pour les recevoir. Il faut un nombreux personnel d'une nature d'ouvriers qui n'existe pas aux colonies et qu'il faudra y envoyer. Tout cela ne peut pas s'improviser. En un mot, la création de trente à quarante usines centrales est le *nec plus ultrà* de ce que l'on peut raisonnablement espérer avant la fin de l'année prochaine; il est donc de toute nécessité, pour sauver les récoltes pendant plusieurs années encore, de venir en aide aux planteurs, en les mettant à même d'utiliser les débris des anciennes usines.

Il ne s'agit plus ici de contribuer à un changement de système de fabrication, à l'introduction d'un progrès par l'action directe du gouvernement; mon objection n'est donc pas applicable. Un secours pour remettre une usine dans l'état où elle était avant le désastre ne peut être plus sujette à la critique que les secours accordé pour la reconstruction d'une maison. L'un et l'autre ne sont que la réparation d'un malheur public, et il y a de plus à dire, en faveur des usines, que si on les laissait périr, il n'y aurait plus de progrès possibles.

Je n'ai jamais eu d'autre pensée; il m'importait de le déclarer.

Je ne suis pas moins préoccupé, Monsieur le Ministre, d'une réflexion qui a été provoquée par la confiance même qu'inspire la réalisation du projet que j'ai eu l'honneur de soumettre à Votre Excellence. L'on m'a exprimé la crainte que la perspective du progrès qui en sera la conséquence et les avantages qui en résulteront pour les colonies ne paraissent évidents, au point d'influencer l'opinion de la Chambre des députés lors de la discussion prochaine de la loi des sucres, et ne fassent naître la pensée de voter pour le *statu quo*, en laissant au progrès le soin de trancher les difficultés soulevées par la rivalité des deux sucres indigène et colonial.

Ce serait une grave et déplorable erreur dont les conséquences seraient désastreuses. Je serais désespéré que mon empressement à produire une pensée utile pût amener un semblable résultat, et j'en repousse de toutes mes forces la responsabilité.

Dans l'état actuel des choses, il est notoire qu'avec la différence de 22 francs par 100 kilogrammes entre les droits dont les deux sucres sont grevés, avec la surcharge de frais de transport qui pèse sur les sucres des colonies, enfin, pour tout dire, avec la réduction du droit que se procurent les sucreries indigènes au moyen de la fraude, il est devenu impossible au sucre colonial de soutenir la concurrence.

Les sucres sont tombés à un prix qui ne rend pas au colon les frais de production.

Il est impossible d'admettre que le progrès puisse être assez rapide pour remédier seul à cet état de choses.

J'ai dit que le *maximum* du progrès dans l'espace de deux années peut atteindre le tiers de la production des Antilles. Dans le même espace de temps, les deux tiers restants de la production, sans parler de celle des autres colonies, succomberaient infailliblement, si des mesures efficaces ne sont prises dans la session actuelle pour prévenir ce déplorable et inévitable résultat d'une lutte à armes inégales.

Je laisse à de plus habiles le soin de décider quel. mesure doit être adoptée, de la suppression des sucreries indigènes avec indemnité, ou du nivellement des droits.

La suppression de la sucrerie indigène avec indemnité aurait le mérite de trancher radicalement la difficulté.

Si c'est l'égalité des droits qui est préférée, l'avenir, le *pro-*

grès aidant, me paraît encore rassurant pour les colonies.

L'augmentation des droits amènera nécessairement une augmentation à peu près égale dans le prix des sucres.

Elle permettra aux colons d'écouler leurs denrées sinon avec grand bénéfice, au moins de manière à rentrer dans les frais de production jusqu'au moment où le développement incessant des moyens perfectionnés de fabrication les mettra en position de lutter avec avantage.

Plus tard et dans un avenir qui ne saurait être éloigné, alors que l'action de la compagnie fondatrice des usines centrales viendra le stimuler, le progrès lui-même amènera la baisse des prix, et c'est alors que se déciderait par les voies naturelles, celles de la libre concurrence, la question de savoir si la sucrerie indigène est une industrie viable, si elle est en état de justifier la protection qui lui a été accordée jusqu'aujourd'hui.

Je n'ignore pas qu'il y a encombrement dans les entrepôts, parce que les productions réunies des sucres indigènes et exotiques ont dépassé les besoins de la consommation; mais, d'une part, quoi que l'on puisse faire, il est à présumer que la production de la Guadeloupe subira cette année une forte réduction, ce qui contribuera à rétablir l'équilibre. D'une autre, il est peut-être permis de douter qu'avec la simple mesure de l'égalité des droits, la production des sucreries indigènes se maintienne à ce qu'elle est aujourd'hui, et il n'est pas à présumer qu'il puisse se créer de nouvelles fabriques en présence du progrès que les colonies vont être appelées à réaliser.

Je n'ai pas du reste, je le répète, l'intention d'influencer la décision à prendre sur cette importante question. Je me borne à déclarer qu'elle a besoin d'être prompte : quelle que soit cette décision, elle ne peut que s'accorder avec la fondation d'une compagnie sur les bases indiquées dans ma précédente lettre.

En addition à ces bases, j'ajoute qu'il me paraîtrait convenable, pour tous les intérêts, qu'il fût adjoint aux représentants de la compagnie dans les Antilles un commissaire du Roi chargé de veiller à l'exécution des statuts, principalement en ce qui concerne les engagements contractés envers les planteurs et par ceux-ci envers la Compágnie.

J'ai l'honneur d'être, etc.

A. LEBAUDY.